SANCTASANCTÓRUM

SANCTASANCTÓRUM

Jesús Alberto Díaz Hernández

Yo imagino una casa y un hogar y unos libros
y una mujer sentada en mis rodillas

Emilio García Montiel

A mi madre Esmelda Hernández Machado,
a nuestra casa, a los espectros que habitan en ella
y a la memoria de Heriberto Hernández Medina

A PORTA

Instrucciones para abrir la puerta

a Elena Tamargo

I

Una puerta cerrada
es como una palabra que se atasca
en las tonalidades
de rigurosos hexámetros griegos.
Y tantos ejemplares
ofrendados a las brasas
bajo las alas del poniente.
Pero la puerta sigue cerrada
la terca cerradura
se transforma
              y la llave se atasca
en los latidos   de un reloj que sangra.
Sin embargo   hay que abrir la puerta,
dejar atrás   el miedo de encontrar el pasado
              en un rincón nefasto,
              en un vagar tan suyo.

II

En su vértigo siguen
las horas más allá de los proverbios
y la mitología.
Qué pasó allí que solo hay penumbra,
por qué culpar al diablo deliberadamente
y no a los que crucifican
nombres tras la tinta de sus dioses.
Y las dagas de Caín
clavándose en la carne que se pudre
en los fastos del alma,
o en los sepulcros del destino.
El caserón marchito,
sediento entre la sombra y la elegía,
infestado de espectros,
de libros que teólogos   negaran,
de San Luís Beltrán   ensimismado
en un rincón   del cuarto baldío de mi madre,
rezando una plegaria   por la casa que espera su
sentencia.

Tal vez una migaja
de ese pan que se quema
en el infierno
o simplemente nada.

Ya sólo queda la inmundicia,
el punto gris del sol,
donde la paz es agria,
donde la continuidad
de los astros
se borra en la penumbra,
mientras el tiempo
se madura, cae y se recicla
entre los muebles,
sobre la nuca de la ausencia.
Por eso hay que abrir la puerta
para que entre, otra vez, la luz.

Salutación a la casa y al polvo

En la butaca de la sala
dibuja el polvo una pirámide
sobre mi retrato de infancia,
 alguien se recuesta a la baranda
y enciende un cigarrillo
como quien espera el autobús,
una araña urde sus quehaceres
en el cuadro del sagrado corazón
donde un fantasma se persigna
ante las zanjas que abre el polvo.

De vez en cuando
se escuchan ruidos
que vienen de la cocina,
un fuerte olor a chícharo
traspasa las paredes;
hay presagios que pactan
en la osamenta del polvo
entre la peste, el desamparo
y una imagen que se oxida.

Circunda la sinagoga en el cuarto de mi tía
colosos los adanes van de regreso al templo,
mil caínes, cien abeles ofrendados a las dagas,

sus tréboles cicatrizan en una piedra alumbre,
el cielo escupe y un ángel canta:
dominus tecum, benedicta tu in mulieribus,
benditos los gusanos que no temen a la muerte.

En la que fue mi habitación
se corona la inmundicia:
enigmas en un zapato
infestado de hojarascas:
siluetas que se amontonan
sobre la ausencia del verbo
en esa casa maldita,
donde el polvo proclama su imperio
sin rendir cuentas a nadie.

Entre los muebles

1

Ante el rictus de la sombra,
el mensajero descifra los rasgos
de los muebles.
Mientras un paraíso se disipa
y un sagrado corazón se pudre en la pared.

2

Una mosca se posa en el sofá
donde las arañas levanta pirámides,
mientras Mercurio percibe
sus enseñas en la inmundicia,
su petaso descolorido
no sirve ya de mucho,
como ves travieso amigo
el hado te acecha.

3

De regreso ya a Arcadia
él decide mirar atrás
y en una cruz observa
su propia imagen que le dice:
"eres uno y muchos nombres,
mas no eres lo uno ni lo otro.
No eres griego, no eres romano,
no eres Hermes ni Mercurio".

Las sillas

Apenas sienten la madera,
apenas
las dagas del comején.
Apenas sienten
la levedad de un segundo.
Callados se asoman los dioses,
el sol se disipa en el mar
como los muertos en cautiverio.
Tan solas se sienten.
Tan solas.

Las ventanas

Taciturnas, las ventanas
antesalas de la muerte,
hechiceras cuya suerte
fue lanzada a las arcanas
hogueras. En las lejanas
herejías del olvido
donde el viento malherido
se aferra a truncar la gloria,
prevalece la memoria
de lo que fue y nunca ha sido.

Esa mancha en la pared

Esa mancha en la pared
no es simplemente una mancha,
sino un sesgo que conduce a otro sesgo
un laberinto clausurado por un pacto,
un espejo que conjura el sentido de las cosas.
Es el eco de Narciso en aguas insondables.
Esa mancha en la pared
que al parecer poco importa,
no es siquiera un pasaje que el destino blasfemó,
no son las visiones de Juana ante la cruz,
ni las brasas de la hoguera.
Esa mancha en la pared
no es simplemente una mancha,
es la sangre de un recuerdo,
la imagen de mi rostro.

El reloj

Por descifrar el sentido
de las cosas, que se van
disolviendo en el afán
majestuoso del olvido,
queda el herrumbe bruñido
en el curso irrevocable
de la ausencia. Ante la afable
telaraña de la sombra,
los dioses que el tiempo nombra
legan algo inmemorable.

La Puerta

Inerme,
yace
la
 puerta
an
te
el
horror
del
espejo;
afuera,
esbelta
la
na
da,
en
ruina
(adentro)
lo
eterno.

Ante un retrato

Me sorprende la sonrisa
    del niño
que se refleja
    con azoro sobre mi cara.
    Desde luego
       el entorno es diferente
       códigos, enigmas nos eclipsan.
   Su mirada cubierta de polvo,
     aún intacta;
       mi rostro ante él,
         indescifrable.

Casa natal

En tu seno sólo hay desolación,
te has convertido en un cementerio de muebles
y libros en los que el polvo resume su testamento.
El aura se deshace en la penumbra
y las paredes se desmoronan
ante el lagarto melancólico.

> No precisas fingir, ya estás casi muerta,
> de nada sirven las copas de lujo,
> las plegarias,
> el zumbido de las moscas.

Las puertas, las ventanas, las columnas coloniales
cuán pardas, putrefactas,
pinceladas del destino.

> No hay nada más triste que una casa vacía,
> sucia de recuerdos, de sombras,
> donde la luz es un sueño inalcanzable
> y el desamparo engendra hijos
> que mueren al nacer.

Retrato de un grupo de estudiantes en el patio de la Escuela Normal de Maestros

Ávida posa la monotonía,
sale la luz endeble, entra la sombra
grises siluetas que el olvido nombra
en su desmesurada letanía,

inverosímil esta algarabía
de contornos y trazos y peldaños
en el atroz andamio de los años,
que todo lo convierte en nadería.

Pretéritas facciones en el polvo,
mientras la duda araña los perfiles.
Qué pena estar ahí, estar no estando

ante las horas que se van sutiles,
los rostros se deshojan en el torvo
rincón, sin reparar cómo ni cuándo.

A veces se abre una puerta

Se abre a veces una puerta
en el centro de la nada,
simetría inanimada
de una sota descubierta
por el basto que no acierta
en desgarrar el latido
del arlequín ofrecido
a las hogueras del rito
en ese texto infinito
que no proyecta sentido.

AB IMO PECTORE

Elogio al cuadro del sagrado corazón

I

Deprimente, el Cristo abandonado en el seno
de una sala pesarosa,
protegido por el númen de la mugre,
y las moscas de Lázaro entre los gajos del corazón hueco
y lo que queda de la barba.
> Su cruz no es de madera sino de telaraña,
> su sangre no es su sangre sino algo descolorido,
> su mirada aún atónita ante el rictus de Pilatus
> y las cucarachas como de costumbre.

II

Padre nuestro que estás no sé dónde, que pocos se
acuerdan de ti,
y el tedio sigue corriendo más allá del mito que se pudre
en el estiércol de las horas,
en el entorno del marco el candor se desdibuja en el
rostro del Cristo,
> absorto ante la luz que le robó la sombra.
> ¡Qué tanto hiere el olvido, qué tanto hiere!

Elogio al antiguo cuarto de mi madre

> *Lejos de las sepulturas célebres*
> *hacía un cementerio aislado*
> **C. Baudelaire**

I

El aura donde los dioses escribieron sus designios
se marchita en la penumbra,
en el cuarto que se nutre de la peste, de los libros
que no tientan más a nadie.

II

En las paredes que gritan: "otra mano de pintura"
se derraman los colores de la muerte
que danza sobre la cama que maldice mil caricias de
comejenes,
y hormigas que devoran las bisagras del recuerdo y del
olvido:
un cementerio de libros y un rezo a San Luís Beltrán.

Elogio al sillón de la sala

a Amparo Machado Ajete

Oh, aquel cojo bucanero
en un rincón de la sala,
abrazado a la ventana
y al mal olor de los años
donde comulgan arañas,
comejenes y colillas
que devoran la armadura
del pirata en cautiverio;
de la mugre, la tiniebla
y las carroñas del polvo,
que se clavan en sus brazos
pintados de atardeceres.
Allí el silencio sangra
Allí mecía mi abuela
sus últimos desencuentros
con la vida y sus trastadas.

Elogio a la mata de anón

¿Dónde está la lisonjera,
estandarte de mi infancia
incrustada en la fragancia
de la tierra tan severa?
Con su postura de avestruz
y follaje fantasmal
en su mirada ancestral
donde converge la luz;
Por donde pasan callados
los arcones de la nada,
en su ufana llamarada
tras el tul de los pecados.
Se despoja la ramera
de sus gajos, ultrajante
la sombra que se trunca, ante
toda admiración postrera.
En la abstracta lejanía,
se abruman las estaciones
sobre difuntos anones:
pan del tiempo y la elegía.

Elogio al televisor ruso

Aquel
aparato
viejo,
impregnado
de
tiniebla,
de
excremento
de
lagartijas
y
ratones,
moribundo
en
su
laberinto,
la
osamenta
se disuelve
sobre
la
estampilla
de
un

arcángel,
la
lógica
se
pierde
en
mendrugos
que
resurgen
de
la
ceniza
enardecida
de
la
muerte,
de
mi
infancia.

Elogio a la pila del agua del patio

Como Sísifo, condenada a cargar el peso
de las llamas en su garganta de pelícano,
la esfinge estupefacta en el cáliz de la mugre
    que germina de sus venas.
En los racimos de mazamorra
entre las piernas de la anfitriona del sereno
y el espanto, se posa la mueca de la sombra
que roe grotescamente la carne de la brisa,
donde un cementerio líquido se congestiona.
Qué hermoso se desplazan las heces vegetales,
bien recuerdo a mi tía Diana cuando lavaba
las cazuelas y los platos en el estanque;
patriarca de moscones, y carroñas
que escoltan a la esfinge en su lecho nauseabundo
en tanto el firmamento le guiña un acertijo:
Cuánto más soportara el peso de las llamas
en su garganta de pelícano se concentra
la desesperanza. No desciende más la brizna.

Elogio a la mesa del comedor

Hay mesas tan enormes, sin embargo
tanto carecen del pan.

Les hablo de la mesa del comedor.
La que conoce los presagios de los muertos,
y en su pecho las mordidas
de las tinieblas y el polvo
marchitan las arcadas
en las notas de mi madre.
Ratones, comejenes y gusanos
comulgan, de algún modo
recreados en el mal olor
de alimentos descompuestos
y las heces del olvido
que vagan como Pedro por su casa.
Una mosca se posa sobre un libro
del cual no recuerdo el título.
En un plato que alguien dejó
otra oración se deshoja
levemente,
la inconsciencia le ha ganado
la carrera a la lógica,
en las vidas que he vivido
en la muerte, en esta mesa
en fin, triste como el ruido
de los carros allá afuera.

AD INFEROS

La muerte de mi abuela

Dórmiti mi nengre,
dórmiti mi ningrito
Emilio Ballagas

En el sillón de la sala, al lado de la ventana,
se mecía mi abuela, y yo en sus brazos.
Ella susurraba una canción de cuna:
"…**duérmete mi nengre, duérmete ningrito**
 mi chiviricoqui, chiviricocó…"
Así cantaba mi abuela en el sillón de la sala,
al lado de la ventana, y yo en sus brazos,
con la cabeza colgante como el cristo
            de la litografía,
sumergido en un sueño mistico que quizás
            yo nunca entienda,
el canto de *ayagba* en el palacio de Olofin.
            Ella susurraba
"…**nengre de mi vida, nengre de mi amor**…"
se mecía mi abuela, en el sillón de la sala,
al lado de la ventana, y yo en sus brazos
      de caoba, como una pluma de loro
            sueño adentro
mientras la mosca taciturna acariciaba
            su párpado.

39

Sus ojos dejaron de brillar.

Una cruz de cascarilla apareció en su frente,

y yo en sus brazos,

en el sillón de la sala, al lado de la ventana.

Obara

Mi tía siempre dijo:

No pregones tus cosas

que la envidia es astuta.

      Y yo, como rockero al fin,

      troqué sus palabras

      con un blues de Led Zeppelin.

Sin embargo

ella siempre se mantuvo:

No pregones tus cosas.

      La pobre, que ya no tiene

      carapacho ni lengua.

      ¡Dios la tenga en la gloria!

En blanco y negro

Como el Quijote en los molinos de su mente
contemplo el sur de mis recuerdos,
y veo las imágenes que se fueron
resurgir del pedregal del silencio.
En blanco y negro como aquel retrato de infancia
en un marco sucio.

Costumbres

Extraño las costumbres de mi tía,
como hacerse la sueca en las mañanas,
purificar las puertas y ventanas
con la fe que su cuerpo desprendía.
Y esa forma de dar los buenos días,
como quien da un pastel de mala gana,
de venir dando tumbos, tarambana
por los tabacos de José y María,
pues nunca halló su nombre en la libreta
de la hambruna, y la pobre detestaba
la turba en la bodega, pero en fin,
de qué sirve su queja en el jardín,
ya nada permanece cual estaba,
solo una flor marchita en la glorieta.

Gonzalo

El horno de una panadería
le robó la visión,
pero nunca imaginó
que en la ceguera podría contemplar
otros esplendores, otros misterios,
pasaba sus días, contando maravillas.

Un día se lo llevó la muerte.
Nos tropezamos a veces en alguna esquina,
en algún monte, en algún sueño
y sin embargo,
no estoy seguro que sea él,
o que aún sea ese su nombre.

Réquiem

a María Josefa Díaz Hernández

Una vez más me encuentro
ante la imagen de la cuna
en que durmió
mi hermana desconocida.
Apenas puedo descifrar los contornos.
Hablo simplemente de una cuna
en penumbra.
De mi hermana...
¿Qué les puedo decir?

A CONTRARIO SENSU

Parafraseando a los muchachos

a Carlos Pintado, Heriberto Hernández, Joaquín Badajoz,
 Juan Carlos Valls, Pedro Assef.

> *El día ya me atrapa y envejezco*
> *en la breve quietud de lo que pasa*
> **Carlos Pintado**

En la quietud algo pasa
que me atrapa como el día,
en la breve sinfonía
de una sombra que traspasa
mi morada ante la brasa
de las horas que aborrezco.
En la bruma palidezco
cual un pensamiento breve
sobre la esperanza leve
d'este cuerpo que envejezco.

Hacer tiempo no es hacer historia
Heriberto Hernández Medina

«Hacer tiempo, no es historia»
en esta efímera vida
donde la moral erguida
se va en el tren de la gloria,
llevándose en la memoria
toda la esperanza vana.
De la noche a la mañana
resurgen las respectivas
sombras voraces y altivas
en una glosa profana.

Tratamos de descifrar palabras
que le devuelvan al rostro lo humano
Juan Carlos Valls

Tratamos de descifrar
expresiones en lo oscuro
y vemos no más que un muro
que nos impide observar
los detalles y afrontar
nuestros lúcidos demonios.
Como dijo San Antonio
de Padua en su procesión:
«obremos con devoción»
para vencer al demonio.

He visto a la muerte, la he tocado
Pedro Assef

También yo he visto a la muerte,
he dialogado con ella
cara a cara. Cruz y estrella,
plumas de pájaro inerte
en las alas de la suerte
nauseabunda. Bien despierto
en el valle de los muertos
analizo mis asuntos
cual Quevedo entre difuntos
«en la paz de los desiertos»

Suficiente por hoy, voy a dormirme
sobre un pedazo de estopa encendida
Joaquín Badajoz

Pues si amigo, suficiente:
ha sido larga faena
mas presiento que esta escena
no termina. Inútilmente
descanso sobre el ardiente
filo de la estopa, atado
a un sueño descontinuado
en los huecos de la nada
como un pez en su morada
por un arpón traspasado.

Diálogo con Elíseo Diego

I

> *Habiendo llegado al tiempo en que*
> *la penumbra ya no me consuela más*
> **Elíseo Diego**

Yo también a veces siento
que me apoca el desconsuelo
que se oculta tras el velo
de la penumbra. No miento
cuando te digo que intento
descifrar el derrotero
del tiempo en este hormiguero,
en el cual la poesía
vende menos cada día
y el talento es agorero.

II

La muerte es ese amigo que aparece
en las fotografías de familia
Eliseo Diego

Pues si Elíseo, querido
poeta: pensar que eres
ese cuadro en las paredes,
ese amigo que se ha ido
con la muerte no el olvido.
También yo, seré elegía,
cruz sobre una tumba fría.
Por estos pueblos extraños
vagaremos tras los años
entre versos y agonías.

Contemplando las olas con Virginia

You can not find peace by denying life
Virginia Woolf

En las pálidas olas contemplamos
laberintos y ufanas soledades,
espejos que destejen realidades,
los rostros que en la bruma contemplamos
en el bardo vaivén que figuramos.

Donde encontramos máscara, amistades,
mentiras transformándose en verdades
que luego entre arrecifes sepultamos

ante Rhoda dormida en el vacío
que deja el eco de una voz lejana,
esa pasión que vaga con las olas

y se pierde en las conchas del estío
y resurge en las aspas de la arcana
brisa, que nos consuela siempre a solas.

En lontananza con Borges

De qué puede servirme que aquel hombre
haya sufrido si yo sufro ahora
Jorge Luís Borges

Aún no logro descifrar
el tormento de aquel hombre,
crucificado en el nombre
del padre, para enjugar
nuestras penas, y sellar
su destino recibiendo
latigazos. Y no entiendo
el por qué de su agonía,
de sus noches y sus días
mientras yo, sigo sufriendo

Como San Pedro crucificado boca abajo

In memoriam de Federico García Lorca

Adán oscuro amante atormentado
entre las hojas de su edén amado
y el latir de un soneto que descansa,
en el sepulcro de una luz que alcanza
ser otra luz tan clara cual el alma
de una paloma sobre el mar en calma,
en credos que repican en Granada:
hostias, gacelas, saetas en la nada.
Indeleble el Adán de los gitanos,
rey de amores amargos y profanos.
Entre el laurel y la verdosa herida
del viento de la rosa y de la vida
del torero vencido por el toro,
sobre las cinco de la tarde el oro
se derramó en la ingle de Mejías
tiñéndose la plaza de agonías.
Poeta, ruiseñor de las gacelas,
cantar que se deshoja entre las velas
y mariposas ávidas y oscuras.
Rasgan las peteneras las cinturas
de las gitanas y de las manolas
y las violetas blancas en las olas
de sus cabellos, de sus pechos rojos

como la rosa herida ante los ojos
de Dios. Crucificado en su morada
como San Pedro boca abajo el hada
de los gitanos, el Lorca andaluz,
el Federico de la verde cruz
del romancero y de la loca Juana,
tendida sobre el mármol del mañana
donde descansa el ruiseñor amado,
entre cigüeñas negras sentenciado.

Como en las sagradas escrituras

Como en las sagradas escrituras, mi padre se sentó a la mesa, entre mi madre y yo, y con la solemnidad de quien prepara la eucaristía, puso sobre la mesa una botella de vino.

"Esta botella será exhibida en la asociación nacional de vinicultores el próximo mes" nos dijo, retirándola cautelosamente de la mesa.

Yo que siempre había creído que el vino de mi padre era la sangre de Cristo, que el pan de mi abuelo era su cuerpo, seguí el rastro de la sangre.

Por un instante pensé haber encontrado el infinito, pero el elixir no estaba aún terminado, tal vez los dioses lo habían convertido en vinagre, y comprendí entonces, que el vino de mi padre no era la sangre del redentor, ni el pan de mi abuelo su cuerpo, ni su cara era su cara, cuando abrieron la botella en la asociación nacional de vinicultores.

... Extraños los designios del destino
que nos hacen volver al lugar de origen.
Mas solo queda el vaho de los muebles
donde solía estar el corazón de la familia.

Acerca del autor

Jesús Alberto "Tinito" Díaz Hernández " (29 de Mayo, 1971, Pinar del Río, Cuba). Escritor, dibujante. Estudió licenciatura en lengua inglesa en el Instituto Pedagógico de Pinar del Río. Tiene publicado dos libros: "Discurso en la penumbra", Editorial Hoy no he visto el paraíso (2012) y "Sanctasanctórum", Editorial Eriginal Books (2012), y uno inédito: "Como Narciso en la floresta de los cuervos". Sus poemas han aparecido en varios blogs y revistas literarias tales como *Otro Lunes, Caña Santa, Inactual* y *La Peregrina*. Poemas suyos han sido traducidos al francés. Actualmente reside en Miami, Florida.

Índice

A CONTRARIO SENSU

www.ingramcontent.com/pod-product-compliance
Lightning Source LLC
Chambersburg PA
CBHW020951030426
42339CB00004B/50